D0894951

GASTON 19

Franquin

MARSU  PRODUCTIONS

le géant de la gaffe frappe sur internet

www.gastonlagaffe.com
....
le site de toutes les gaffes

L'auteur remercie, dans le désordre, Paul Ide, Croze, Jean-Louis Lamballe, René Lorgnet, Raphaël Amico et Yvan Maisse pour les six idées de dessin ou de planche figurant dans cet album, et reconnaît que, pour cette fois en tous cas, ce n'est pas Gaston qui a fichu la pagaille empêchant d'attribuer chaque idée à son auteur…

Couleurs : Studio Leonardo

Dépot légal : décembre 1999
I.S.B.N. : 2-912536-31-6 • I.S.S.N. : 1011-3819
© MARSU PRODUCTIONS S.A.M. 1999
Tous droits de traduction, de reproduction
et d'adaptation réservés pour tous pays.
Imprimé en Belgique

Photo de page 4 de la couverture : Frédéric Reglain/GAMMA

VOILÀ :
VOUS ME DONNEREZ
VOTRE AVIS ...
LA LIGNE AU MILIEU,
C'EST PEUT-ÊTRE
UN PEU DÉMODÉ,
NON ?

...RAMENER TOUT
SUR LE DEVANT...
NON, CE N'EST
PAS PRATIQUE...
ET PUIS
JE NE SAIS PAS
SI ÇA ME VA BIEN.

LA LIGNE,
SUR LE CÔTÉ, HM?
MOI, J'AIME BIEN,
MOI...

JE PEUX AUSSI
DÉGAGER
LE FRONT... PLUS
INTELLECTUEL, ÇA.

ET LE
COURRIER!

AAAH?

AH! VOICI UN MESSAGE PERSONNEL: LA RÉDACTION REMERCIE VIVEMENT BRUNO ET ANNE-MARIE, DE SAINT LAURENT DE CERDANS, PYRÉNÉES ORIENTALES, UN PAYS SPÉCIALISÉ DANS LA FABRICATION DES **ESPADRILLES**... ILS ONT TROUVÉ QUE CELLES DE GASTON DEVENAIENT MINABLES...

... ET LUI ONT ENVOYÉ DEUX PAIRES — JE DIS BIEN **DEUX** PAIRES — D'ESPADRILLES NEUVES... ET LÀ JE ME PERMETTRAI UN PETIT REPROCHE... C'EST TROP...

...COMME IL N'ARRIVE PAS À SE DÉCIDER POUR L'UNE OU L'AUTRE, TOUTE SON ACTIVITÉ, DEPUIS HUIT JOURS, CONSISTE À ESSAYER ET À COMPARER LES **ESPADRILLES**...

??? ?

COMMENT DITES-VOUS, GASTON? AH! LES NOIRES POUR LE DIMANCHE? BONNE IDÉE!...C'EST BEAUCOUP PLUS HABILLÉ...

AH!OUI...MERCI AUSSI À DOMINIQUE GIRAL, ONZE ANS, DE COMPIÈGNE, QUI, TROUVANT LE PULL-OVER DE GASTON TRÈS RÉTRÉCI, LUI ENVOIE UNE PELOTE DE LAINE VERTE "POUR LE RALLONGER"...ELLE JOINT DE DÉLICIEUSES **SUCETTES**...

...TOUT CECI EST CHARMANT, MAIS... EUH... ...JE VAIS VOUS PARLER FRANCHEMENT ...HMM...JE CROIS QUE, POUR SON BIEN, IL NE FAUT PAS GÂTER GASTON...

EH!DIS!, FANTASIO!J'AI UNE IDÉE...

DIS, ILS SONT BIEN GENTILS, LES LECTEURS FRANÇAIS...S'IL Y AVAIT EN FRANCE UNE VILLE SPÉCIALISÉE DANS LES BLUE-JEANS, ÇA TOMBERAIT BIEN: LES MIENS SONT UN PEU USÉS...REGARDE LES GENOUX...

INDÉLICAT PERSONNAGE! ALLEZ VOUS OCCUPER DU COURRIER!...

LES GENOUX SONT USÉS, MAIS CE N'EST PAS UNE RAISON POUR ABIMER LE FOND!...

VOILÀ, JE VOUS LE DISAIS!... IL S'IMAGINE QUE LES ALOUETTES VONT LUI TOMBER TOUTES RÔTIES DANS LA BOUCHE...MAUVAIS, ÇA!...

...D'AILLEURS, NOTRE HÉROS SANS-EMPLOI A ENCORE BEAUCOUP À APPRENDRE S'IL VEUT DEVENIR UNE PERSONNALITÉ ICI, AU JOURNAL DE SPIROU...

...S'IL SE PREND POUR UNE VEDETTE, JE N'EN OBTIENDRAI JAMAIS RIEN DE BON!...DONC NE ME LE GÂTEZ PAS!...

HÉ! FANTASIO, REGARDE!

?

JE L'AI EMPRUNTÉE À UN COLLECTIONNEUR... ELLE EST TRÈS VIEILLE, PRESQUE QUARANTE ANS...

SUITE

ENFIN... IL NE RESTE PLUS QU'À REMPLIR MON STYLO POUR SIGNER TOUT CE COURRIER

TU SAIS, JE FAIS DES PROGRÈS. QUAND JE JOUE "GONDOLIER" ON RECONNAÎT L'AIR MAINTENANT ...TU VAS ENTENDRE...

POUPOUUU
TOC

MON COURRIER!

POUPOUUÂÀP

...MAIS C'EST UNE IDÉE STUPIDE, DE M'ARRACHER UN... AÏOUCH!
LÀ! LÀ!

UNE PETITE GOUTTE DE COLLE ...
?

J'AI COMPRIS! HI, HI!

J'AI LU QUE L'EXPRESSION "AVOIR UN POIL DANS LA MAIN" EST BASÉE SUR UNE RÉALITÉ PEU CONNUE...
EXACT!...
?

...CHEZ LES GRANDS PARESSEUX, LE SYSTÈME PILEUX FINIT PAR ENVAHIR LES PAUMES...

AU POIL!

le bal à Gaston

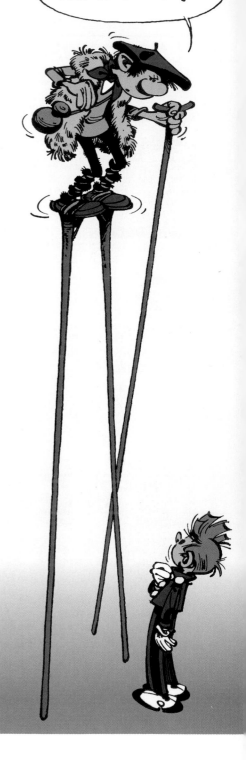

ELLE EST GENTILLE, CETTE PETITE BÊTE : PENDANT QUE JE TRAVAILLE, ELLE ME SUIT PARTOUT...

FAUT PAS POUSSER

C'EST AU GAZON QU'IL FAUT DIRE ÇA...

En 1973, une société convainc Franquin de travailler sur le thème de la pile électrique. Dans la présente édition, la marque a été remplacée par le label Bidule, un terme générique que l'auteur affectionnait.

ZHIHIHIZ
OAH!

JE ME DEMANDE SI L'M'OISELLE JEANNE N'EST PAS UN PEU ROMANTIQUE...CE RENDEZ-VOUS, À MINUIT, SUR LA PLAGE...ENFIN ! ELLE A MA LAMPE-TORCHE ...

... JE LA VERRAI DE LOIN ...

YOU-HOUVOU

'M'OISELLE JEANNE, VOUS ÊTES ÉBLOUISSANTE, CE SOIR ! HIHIHI !

OH ! MONSIEUR GASTOOONN ...

NAUFRAGEURS ! JE VOUS AI PRIS POUR LE PHARE QUI EST À L'ENTRÉE DU CHENAL ! MAIS ÉTEIGNEZ CETTE LAMPE, ROGNTUDJUU !!!

BIN ÇA, ÇA, C'EST LA FAUTE À BIDULE ! ILS FONT LEURS PILES TROP PUISSANTES ...

Franquin

..OUI ! LES PREMIERS PATINS À ROULETTES ÉLECTRIQUES À LONG RAYON D'ACTION ! SUR CHAQUE PATIN, UN PETIT MOTEUR ET UNE PILE ...

...UN COUP SEC SUR CETTE POIGNÉE : ON DÉMARRE...POUR STOPPER : UN SECOND COUP...

...UNE PETITE DÉMONSTRATION ? ATTENTION ! 4...3...2...1... ZOU !

CLIC DJIIIIIII

AH, ZUT ! SUPERZUT ! J'AI LÂCHÉ LA POIGNÉE ...

M'ENFIN ! COMMENT VAIS-JE FAIRE POUR M'ARRÊTER, MOI ??

?

DJIIIIIII

PLUS TARD

C'EST LAGAFFE QUI APPELLE DE SUÈDE ! IL S'EST ENFIN IMMOBILISÉ ...

AH, OUI ! SES PILES ONT FINI PAR S'ÉPUISER ...

PAS DU TOUT, CE SONT DES BIDULE ! NONNON, IL EST ENTRÉ EN COLLISION AVEC UN TROUPEAU DE RENNES...

Franquin

SURPRISE SIGNÉE GASTON : J'AI MIS AU POINT UNE FORMIDABLE PERCEUSE MINIATURE ! JE L'APPELLE LA PERCEUSE DE POCHE ...

AH ! EN EFFET ! JE VOIS QUE VOTRE POCHE EST PERCÉE ...

..., UNE PILE, PLUS DE FIL ! ... ET ALORS, QUELLE PUISSANCE !

...UN TROU DANS DU PLÂTRE FACILE !

...POUR PERCER DU PLASTIQUE, PAS DE PROBLÈME ...

..LE CIMENT DES MURS ? ZOU !

DJIIIIII HÉ! HOO! DJIIIII

AH ! ET LE PLOMB ? COMME DANS DU BEURRE !

MAIS QU'EST-CE QUI SE PASSE, ICI ?!?

OH, RIEN...NOUS AVONS UN GÉNIE QUI PERCE .... IL PERCE LES CONDUITES D'EAU ...

...IL ME SEMBLAIT BIEN QUE CE N'ÉTAIT PAS LA PILE : UNE BIDULE NE COULE JAMAIS

3

JE TROUVE QUE NOUS MANQUONS D'OBJETS PITTORESQUES ...MOI, JE VAIS LANCER CE VENTILATEUR EN FORME DE MOULIN... UN SOUFFLE DE POÉSIE SUR UN BUREAU ...

AAAH ! C'EST D'UN GOÛT EXQUIS !

...LES DEUX PILES SONT EN PLACE ...VOILÀÀÀ, TU VAS ASSISTER AU TOUT PREMIER ESSAI !

M'ENFIN ?!

PREMIER VOL **HISTORIQUE** DU VENTILOPTÈRE !

SUPERZUT ! LA FENÊTRE OUVERTE ... IL VA ... AÏEAÏEAÏE !

OUIIIIINNN ! JAMAIS JE NE LE REVERRAI ! ! LEUR DIRAI, MOI, CHEZ BIDULE, QU'ILS FONT DES PILES TROP COSTAUDES ...

4

...TU COURS DANS LA TROISIÈME ?! VAS-Y À FOND, ARTHUR !

BOF ! JE N'AI AUCUNE CHANCE, ILS NE ME CONFIENT JAMAIS QUE DES TOCARDS, À MOI... CELUI-CI S'APPELLE "CENT MILLE VOLTS "...

...IL EST COMPLÈTEMENT À PLAT ...

ATTENDS ... ON PEUT ESSAYER QUELQUE CHOSE...OUI ! SI J'AI ENCORE LE TEMPS D'ALLER CHERCHER DES ...

L'ARRIVÉE DE LA TROISIÈME...

HÉ HOOO ! PAS SI VIIIITE ! AÏAÏAÏÏE, DOUCEMENT !

PIGADAPIGADAPIGADAP.

ARTHUR, C'EST MAGNIFIQUE !

NON, C'EST FICHU ... ILS ONT PASSÉ "CENT MILLE VOLTS" À LA RADIOSCOPIE ET ILS ONT VU TES TROIS PILES BIDULE...

ROGNTUDJUUU ! QUELLE CHALEUR ! PPPFFFFUUH...

HÉ ! PRUNELLE ! ADMIRE...

...ÔÂH ! J'AI FABRIQUÉ UN ÉVENTAIL À MOTEUR ! ÇA SE FIXE À L'AVANT-BRAS PAR UN BRACELET...

...CELA LAISSE LA MAIN LIBRE POUR TRAVAILLER...ET ÇA RAFRAÎCHIT AGRÉABLEMENT...

VOUS VOULEZ L'ESSAYER, MOISELLE JEANNE ?

BAF BAF BAF BAF BAF BAF BAF

OOOH, MONSIEUR GASTONNN, C'EST DIVIN !! ...ET TELLEMENT ROMANTIQUE !

TOUT À FAIT REMARQUABLE, LAGAFFE ! DITES ! POURRIEZ EN FABRIQUER UN SECOND, RAPIDEMENT ?

BIN, OUAIS...

PLUS TARD

M'ENFIN !

J'Y AI MIS DES PILES BIDULE, IL IRA LOIN...

SCEN.: DEGOTTE

6

Franquin

AAAAAH ! EN SIGNANT NOS CHERS CONTRATS, JE VAIS FUMER UN DE MES HAVANES MERVEILLEUX.. LÀ-BAS, À CUBA, ON LES FAIT À LA MAIN SPÉCIALEMENT POUR MOI...

...ILS ME COÛTENT UNE PETITE FORTUNE, MAIS... QUEL DÉLICE !...SNIIIF... JE NE VOUS EN OFFRE PAS, IL FAUT ÊTRE CONNAISSEUR... SNIIIF...HHMMM !

AH ! MONSIEUR DE MESMAEKER, ATTENDEZ ! VOUS ALLEZ ÉTRENNER...

...MON TOUT NOUVEAU COUPE-CIGARE ÉLECTRIQUE ET PITTORESQUE ... UNE RÉVOLUTION : VOUS PRÉSENTEZ LE BOUT DU CIGARE À LA LUNETTE, LE RESTE EST AUTOMATIQUE ...

HUM, OUAIS...ASSEZ ORIGINAL ...

RRROGNTUDJÙU !

DJIIIIIIII TCHAC TCHAC TCHAC TCHAC TCHAC TCHAC

M'ENFIN !? RRÂAH !

CES PILES SONT TROP FORTES ! LEUR AI DÉJÀ DIT VINGT FOIS, CHEZ BIDULE...AÏE !

7

IDÉE : YVAN

Franquin

LUNDI MATIN...

MARDI APRÈS-MIDI...

LA NUIT DE MARDI À MERCREDI...

MERCREDI SOIR

RRRÄÄH PFFFF... RRRÄÄH...

MAIS !?! 'FAUT ARRÊTER ÇA, À LA FIN, QUOI ?!!

C'EST TOI QUI AS FAIT CETTE FARCE À MON CHAT ?!... M'ENFIN !!...

...TU VEUX SA MORT, OUI ?! TU NE SAIS PAS QUE CES PILES BIDULE SONT INCREVABLES ?!

8

WOUF WAF GRROÔÔ WAFWAF GRÔWOF WAF WOUAF HIHIHI HA!HAÂA!

TONTON, C'EST UN GRAND JOUR!

NON, C'EST LE **PETIT** JOUR...

TU N'ES PAS ENCORE RASÉ?

BIN, NON! À C'TTE HEURE-CI!!

...TU TE RASES TOUJOURS À LA LAME, TOI, HMM?...

...HÉBIN, TU SERAS LE PREMIER À ESSAYER LE BLAIREAU **À POILS ROTATIFS!**... DANS LE MANCHE, DEUX PETITES PILES ....

TIENS! J'AI MIS LA CRÈME À RASER... TU POSES LE BLAIREAU SUR TA JOUE, ET TU ENFONCES LE BOUTON ROUGE... C'EST TOUT...

COMME CECI?...

DJIIIIIIII

DJIIIIIIIII

M'ENFIN?

PFFFBL BLUBLPFFF...

DIS, CE QU'ELLE EST GLISSANTE, TA CRÈME À RASER!...

BONK

DJIIIIII

...UN ACCIDENT!?... COMMENT C'EST ARRIVÉ, DIS?

UN BLAIREAU QUI A FAIT UN EXCÈS DE VITESSE... MAIS C'EST LA FAUTE À BIDULE: PILES TROP PUISSANTES...

9

DIS! ON LA FAIT ROULER, DIS, LA P'TITE VOITURE TÉLÉGUIDÉE?!?

PAS ICI DANS LE MAGASIN, HOOO...

CANIQUEB

ESCALATO

ALLEZ, HOP! ON L'ESSAYE, DIS, TONTON GASTON?!

PAS DANS LA RUE, VOYONS!

...À LA MAISON, J'AI DIT...

GRUMMUM GRUMUMBLL

PAF POTTPOTTPOTT PFFFUUII.....

M'ENFIN?

HAHAHA! ENCORE UNE PANNE, TONTON GASTON!

OAH! MOI QUI AVAIS CHOISI LA DÉPANNEUSE! C'EST PAS MARRANT, ÇA, COMME COÏNCIDENCE?!?

...MAIS JE COMPRENDS POURQUOI TU INSISTAIS POUR AVOIR DES PILES BIDULE!

DJIIII DJIIII DJIIIII DJIIII

10

SCEN.: DESOTTE

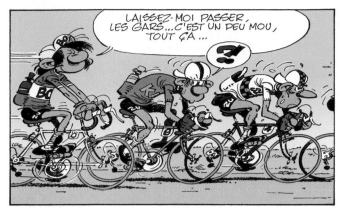

LAISSEZ-MOI PASSER, LES GARS... C'EST UN PEU MOU, TOUT ÇA...

J'AIME CES ARRIVÉES AU SOMMET: ON A UNE VUE SPLENDIDE...

RRÂÂÂHK...

PFFOUHH

QUOI?..... AH! NON, INUTILE, JE NE ME DOPE JAMAIS: J'AI UN TRUC BIEN MEILLEUR, MOI!

...DANS LE PÉDALIER, UN MOTEUR ÉLECTRIQUE...; LES PETITES PILES SONT DANS LE CADRE! ASTUCE...

...MAIS ATTENTION, HÉHOO! POUR LES ÉTAPES DE MONTAGNE, FAUT DES BIDULE ...

TUDJÛÛ! QUEL VERGLAS!

...POPOM ♪ POPOM ♪

PRUNELLE, PAUVRE VIEUX! LAISSE-MOI T'AIDER!

...MOI? OAH! J'AI UNE PILE SUR CHAQUE ESPADRILLE ET DANS CHAQUE SEMELLE UNE RÉSISTANCE! ASTUCE! JE N'AI PAS ENCORE POSÉ LE PIED QUE LE VERGLAS EST DÉJA FONDU! ...

...PARCE QUE TU N'IMAGINES PAS QUELLE CHALEUR ÇA PEUT DÉGAGER, UNE PILE BIDULE...

OH! REGARDEZ, MONSIEUR GASTON, CETTE PETITE FILLE EN PLEURS !

QUE SE PASSE-T-IL, MON CHOU ??

WOUÍNN

C'EST TOUTENPOIL, MON P'TIT CHAT ! I' PEUT PLUS DESCENDRE !

WOUIN !

MAÂW

CIEL !

M'OISELLE JEANNE, AVEZ-VOUS TOUJOURS CE PETIT VENTILATEUR DE POCHE ?

OUI, MAIS ?... JE NE COMPRENDS PAS...

VOILÀ... J'Y PLACE DES PILES BIDULE...

?

SNIF SNIF

WOUIN

VITESSE MAXIMUM ZOU !

BZZZZ

!

JE RÉDUIS LA VITESSE... VOIAAALÀ !

BZZZ

AÂÂÂH ! MONSIEUR GASTON ! VOUS ET BIDULE, QUELLE ÉQUIPE VOUS FAITES !!

TOUTENPOIL !

13

SCEN. : DEGOTTE

REGARDEZ, 'M'OISELLE JEANNE, C'EST LA GRANDE MIGRATION !

ÂÂÂH! QU'ELLES SONT BELLES, MONSIEUR GASTON! ET SI FRAÎCHES

ET CE SONT CELLES QUI DURENT LE PLUS LONGTEMPS

C'EST FOU CE QU'ON PEUT FAIRE AVEC UNE PILE ET DU TALENT!

ILS DISENT TOUS QUE MÊME LE BRUIT EST RESSEMBLANT

GRINGRINGRIN GRINGRIN GRRINGRIN GRINGRIN GRRINGRIN GRINGRIN

UNE SUPÉRIORITÉ ÉCRASANTE

Sensible aux droits de l'homme, Franquin réalise une planche au profit d'Amnesty International.

Franquin + DELPORTE

...EN CE MOMENT MÊME, DES GENS SONT INTERNÉS, BATTUS, TORTURÉS, LIQUIDÉS PARCE QU'ILS PENSENT AUTREMENT QUE LE POUVOIR...

Le gaffeur fou a fait rire les lecteurs de multiples journaux à travers le monde.
Pour un hebdomadaire suisse, Franquin a réalisé une planche inédite.

LECTEURS ET LECTRICES DU **NOUVEL ILLUSTRE**, JE VOUS APPORTE UNE BONNE NOUVELLE, YOUPIE...

...DÈS LE PROCHAIN NUMÉRO, CHAQUE SEMAINE ET ICI MÊME, VOUS ASSISTEREZ, ÉMERVEILLÉS, À UNE SCÈNE DE LA VIE D'UN **SURDOUÉ**!

INUTILE DE DIRE POURQUOI IL EST DOUÉ, ILS AURONT LE TEMPS DE SE RENDRE COMPTE...

TOUTES LES SEMAINES, CE SERA LE PIED! J'AI NOMMÉ **GASTON LAGAFFE**! BRAVO!

POF

ET ATTENTION! POUR FÊTER L'ÉVÉNEMENT, IL Y AURA UNE SURPRISE DANS LA PREMIÈRE AVENTURE: DANS HUIT JOURS, OUVREZ L'ŒIL!

MAAOW??

...L'ASTUCIEUX AUTEUR A VOLONTAIREMENT ET SUBTILEMENT GLISSÉ, DANS LE DESSIN, UNE ERREUR! OUI, UNE PETITE ABSURDITÉ... UNE IMPOSSIBILITÉ, QUOI...

...VOICI L'OCCASION D'EXERCER VOTRE SAGACITÉ! CHERCHEZ L'ERREUR! PRENEZ UNE MONTRE — ÇA DOIT SE TROUVER PAR CHEZ VOUS — ET JOUEZ À CELUI QUI TROUVE LE PREMIER...

POF

(A)

FLAP FLAP FLAP FLAP FLAP FLAP FLAP FLAP

POF

BADABADABOUF

EUH, OUI... C'EST LA MOUETTE DE GASTON... IL Y A AUSSI UN CHAT ET... ENFIN...!

DONC, N'OUBLIEZ PAS: LA SEMAINE PROCHAINE, **JOUEZ AVEC GASTON, CHERCHEZ L'ANOMALIE!**

PARTI?

OAAH! L'AUTEUR A GLISSÉ UNE ERREUR VOLONTAIRE, QU'IL DIT! MON ŒIL! IL S'EST TROMPÉ, GOURÉ, OUI,... IL A ÉTÉ DISTRAIT...

...MAIS C'EST VRAI QU'ILS SONT ASTUCIEUX! LA PROCHAINE FOIS QUE VOUS COMMETTEZ UNE GAFFE, FAITES-EN UN CONCOURS, **OAH!**

BINTIENS! JE SOUHAITE QU'ON LEUR EN TROUVE VINGT, DES ERREURS, DANS LA PAGE DE LA SEMAINE PROCHAINE!...

(B)

Franquin

GASTON, VOUS ÊTES BRICOLEUR, HMM?...
VOICI UN PETIT TRAVAIL POUR VOUS...
IL S'AGIT SIMPLEMENT DE MONTER
NOTRE SPIROU-CINÉ...

AH? BON...

LISEZ BIEN LES INSTRUCTIONS...

...VOUS COMPRENEZ, SI LES LECTEURS SAVENT
QUE VOUS L'AVEZ RÉUSSI,
ILS SE DIRONT QUE C'EST FACILE...

AÏEAAAH!

...MÊME LE PLUS ADROIT
FAIT, UN JOUR OU L'AUTRE,
UN FAUX MOUVEMENT,
MONSIEUR GASTON...

AAOUVAAH!

C'EST SCANDALEUX
DE FABRIQUER
DES LAMES DE RASOIR
AUSSI DANGEREUSES
!!

MMMUH!
LA POINTE S'EST CASSÉE
ET ELLE EST VENUE SE
PIQUER DANS
MON NEZ!!

OUOUUU!

TIENS, MAIS!... IL POURRAIT
ANNONCER CETTE SENSATIONNELLE
HISTOIRE DE MOMIE QUE NOUS
PUBLIERONS DANS
UN MOIS...

594

BON! SI ON
M'EMPÊCHE
DE
TRAVAILLER
...

...JE NE ME
DÉBATTRAI PAS!

GASTON A PLANTÉ SA TENTE ET SON GAFFOPHONE EN ÉCOSSE, AU BORD DU LOCH NESS

M'ENFIN ?!

Franquin 71

VOUS ME DEMANDEZ, À MOI, DES DÉTAILS SUR L'ANATOMIE DU POULET, HMMM ?... QU'EST-CE QUE ÇA VEUT DIRE, HMM ??

TIENS, L'ARTISTE N'EST PAS LÀ...

OOOH! LE BEAU MORCEAU D'EMMENTHAL!

IL DOIT BIEN Y AVOIR UN COUTEAU, DANS CE BUREAU-CUISINE-SALLE-À-MANGER...

LE BON FROMAGE, AVEC DES TROUS! ET MOI QUI AI JUSTEMENT UN PETIT CREUX...

UNE PETITE TRANCHE ...UNE BONNE PETITE TRANCHE ...

STOP! T'ES FOU, TOI?

TU VEUX DÉCAPITER MA SOURIS, HEIN? HMM?

QU... QUELLE SOURIS?

OUF! ELLE N'A PAS DE MAL.

AH BON! IL Y A UNE SOURIS **DANS** LE FROMAGE?!

ELLE Y HABITE!

...PAS VRAI, CHEESE!?

BURP

907

CE GARÇON ! COMME TOUT LUI VA BIEN ! IL EST BIEN, IL EST BIEN !

QUOI DE NEUF, DANS CE... BUREAU ?
PFFFP
AH ! MA VESTE DE CUIR... LA CLÂÂSSE POUR UN PRIX DOUX.

J'AI UN AMI FILS DE TANNEUR, IL PEUT AVOIR DES PEAUX QU'ON N'UTILISE JAMAIS, ET C'EST BÊTE...
BÊTE, BÊTE, C'EST VITE DIT...

C'EST FRANQUIN QUI M'A DESSINÉ LE MODÈLE..
OUILLAÏEAÏE !
ET NOUS AVONS COUPÉ ET COUSU NOUS-MÊMES !
DIS, C'EST QUOI, LÀ ?
OUI ! QU'AVEZ-VOUS DANS LE DOS LAGAFFE ?

AH ! C'EST UNE PEAU UN PEU SPÉCIALE, J'AI PU FAIRE UN CAPUCHON ORIGINAL...

C'EST BIEN ?
ÂÂH ! OUI ! LÀ, ON EST SÛR QUE C'EST DU VRAI CUIR DE VACHE...
HA ! HA ! HAAA.
FRANCHEMENT ?

Franquin

L'ASCENSEUR EST EN PANNE...
ENCORE

... ET VOUS ?! ... NE... NE ME DITES PAS QUE VOUS RADIOGUIDEZ VOTRE COURRIER EN RETARD !
LE PROGRÈS EST EN MARCHE ...

...DÉSIRES-TU UTILISER LA POUBELLE ? MERVEILLE, ELLE APPARAÎT
ROGNTUDJU...
CLAP CLAP
KRÂKRÂKRÂ

VOUS ÊTES UN
... SI J'AVAIS INVENTÉ LA ROUE, TU M'AURAIS MIS DES BÂTONS DEDANS
KRÂKRÂKRÂKRÂ

... MAIS SI J'ARRIVE À TOUCHER UN HOMME D'AFFAIRES IMPORTANT, JE T'EN MONTRERAI, MOI, DES CONTRATS
CLAP CLAP
BONK KRÂKRÂ

TONG KRANK
TOMB
PROTCHL
HÉ ! DEBOUT

Les 4 planches qui suivent ne quittèrent jamais l'intimité de l'atelier Franquin.
Les 2 premières sont totalement achevées, la troisième également à l'exception de 2 textes
narratifs tandis que la dernière laissera libre cours à l'imagination de chaque lecteur.

RRÔH !
LE SUPERBE OREILLER !
JE VOIS ! POUR
LE MATÉRIEL - DODO...

VOUS NE LÉSINEZ PAS,
MAIS JE NE VOIS PAS
COMMENT CET OREILLER
VA SERVIR AU
**TRAVAIL DE
BUREAU !!**

MEUHNON ! JE SUIS
ALLÉ LE RECHERCHER
CHEZ LE MARCHAND...
IL L'A DÉPOUSSIÉRÉ
ET IL A AJOUTÉ
DES PLUMES.

BON ! IL RESTERA ICI
JUSQU'À CE SOIR...
ET VOUS, AU BOULOT !

MAIS...
C'EST VRAI
QU'IL EST
BEAU ?!

IRRÉSISTIBLE, HEIN, CE COUSSIN !

ÂH ?

M'ENFIN ! FAUT
QUE JE VOIE
SI LE TRAVAIL
A ÉTÉ BIEN FAIT,
QUOI ?!

GASTON,
JE DOIS PASSER
À L'IMPRIMERIE
...

AH ? BON.

N'EN
PROFITEZ PAS,
HMM...

GAA-ASTON !
C'ÉTAIT UNE
FAUSSE SORTIE...

GASTON !
JE SUIS UN
CAUCHEMAR...

ZZZ ?

ROGN
TUDJU

CRRRAC

M'ENF

PRUNELLE !
TU VAS ME RAMASSER
TOI-MÊME
TOUTES CES PLUMES !
JUSQU'À
LA DERNIÈRE...

MAIS
SI JE VOUS TROUVE,
JE VOUS **VOLE DANS
LES PLUMES !**
HA ! HA !

SUPERBE, HEIN! JE SUIS ARRIVÉ À REMPAILLER CETTE CHAISE !

SURTOUT À RÉPANDRE DE LA PAILLE PARTOUT !

UN, VOUS AVEZ DIX MINUTES POUR NETTOYER CETTE ÉTABLE...

IL DOIT ÊTRE ALLERGIQUE À LA PAILLE...

DEUX, VOUS ALLEZ ME FAIRE CINQ LIVRAISONS ET QUINZE COURSES EN GRANDE BANLIEUE.

JE VOUS EN PRIE...

TIENS, TIENS ! UNE CHAISE PAILLÉE... J'AI TOUJOURS AIMÉ LES CHAISES PAILLÉES.

ŒUVRETTE JOLIE D'UN MODESTE ARTISAN...

PUIS-JE L'ESSAYER ?

JE VOUS EN PRIE

ON PERD DU TEMS, LÀ !

CRAÏÏTCH

AH! EUH LÀ... LA... C'EST VOTRE POIDS...

GRUMFL!

CRAC

UNE HEURE PLUS TARD.

IL EST COINCÉ À MORT !

'VA FALLOIR SCIER

NE ME TOUCHEZ PAS !

VITE! EMPÊCHEZ-LE DE MANGER LES CONTRATS !

GROMF GROMF

BOUM BOUM

MARSUPILAMI

un album...

...un site

www.marsupilami.com

SAUVAGE ET SURDOUÉ